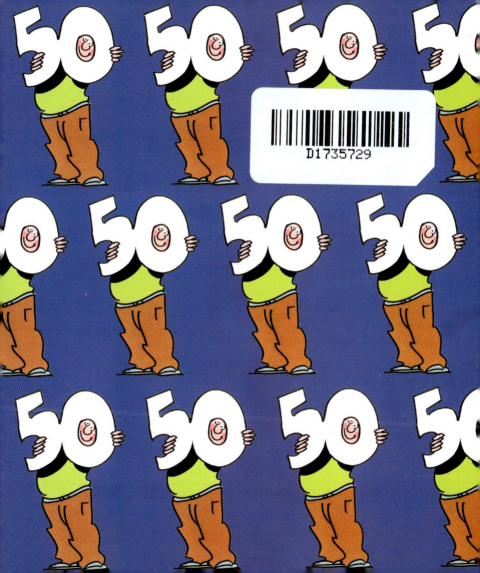

D1735729

It´s still the same old story,
about fight for love and glory,
as time goes by.

Aus „Casablanca"

Fünfzig Haare?
Fünfzig Kegelbrüder?
Fünfzig Euro Gehaltserhöhung?

Kannst alles vergessen! Fünfzig Jahre, das ist großes Tennis!
Gegen alle Widerstände hast du deinen guten Charakter
über die Zeit gerettet und dein gutmütiges Wesen vor
Ausbeutung bewahrt. Aber wer dein Freund war, der hat deine
ganze Liebe gespürt, der durfte dir immer bei Umzügen helfen,
mit Bürgschaften dienen oder dir ganz allgemein aus
der Patsche helfen. Bleib nur so, wie du bist. Es ist schön,
zu wissen, das man stets von dir gebraucht wird.

HERZLICHEN GLÜCKWUNSCH VON:

WILLKOMMEN

IM CLUB DER FÜNFZIGER

Diese Karte weist dich aus als Mitglied einer privilegierten Altersklasse. Du darfst damit jeden liegen gebliebenen ADAC-Wagen reparieren, deine Pyjamahose mit Gürtel tragen, in Diskotheken unter 20 gehen, ein Bankkonto im Park eröffnen, auf den Flughäfen die Rolltreppe benutzen, im IC-Zug vorne einsteigen, auf öffentlichen Toiletten deine Beschwerden an die Wand schreiben und im Supermarkt das Obst anfassen. Und das zehn Jahre lang. Danach wird erneut verhandelt.

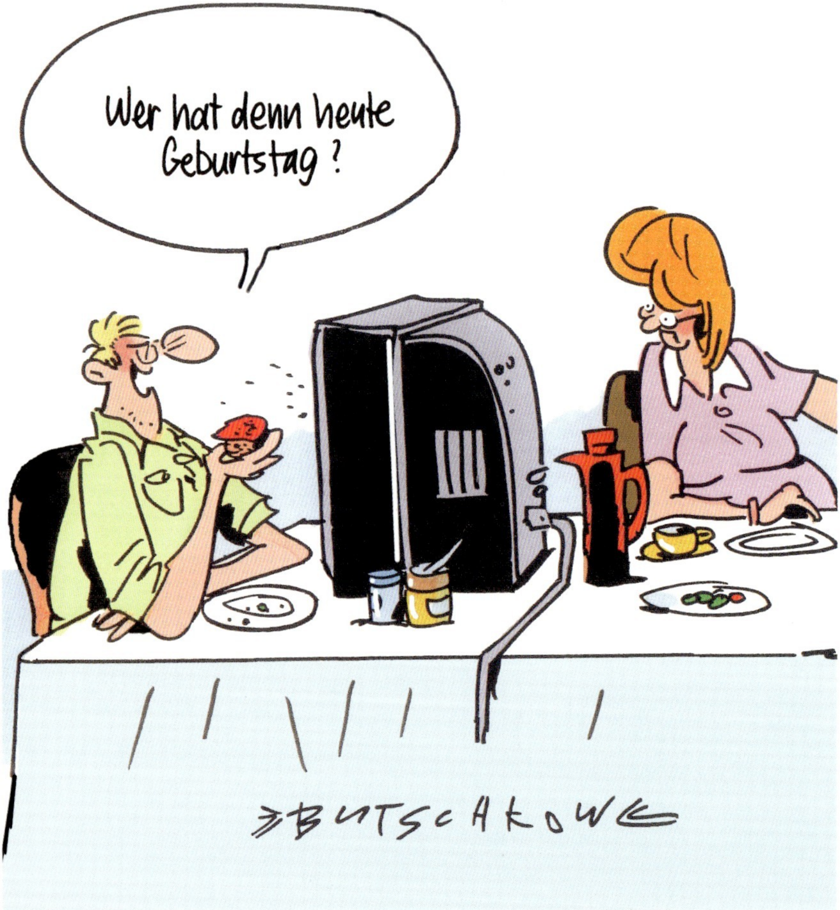

Wer hat denn heute Geburtstag?
BUTSCHKOW

Geburtstagsmasken

Die „Hab-schon-mal-reingefeiert"-Maske

Die „Danke-für-die-Torte"-Maske

Die „Festsau"-Maske

Die „Das-soll-mein-Geschenk-sein"-Maske

Lass doch deinen Geburtstag mal ausfallen! Kostet dich nix und merkt kein Mensch.

Wünsch dir doch mal von allen dasselbe. Damit machst du dann einen Laden auf und wirst reich. So hat es Bill Gates gemacht, der hatte sich damals von allen seinen Freunden nur Computer gewünscht.

Um Beschwerden von den Nachbarn wg. allzu lauter Musik vorzubeugen, verschenkst du an alle Mieter vorher leckeres Konfekt. Natürlich ist das vorher mit einem starken Schlafmittel präpariert worden. Leichte Dosis wirkt für 12 Stunden, und du kannst in Ruhe Krach machen. Wenn du ganz sicher sein willst, geht auch ein Karton Konfekt an die nächste Polizeiwache in deiner Nähe.

Wenn du einem Geburtstagskind eine richtig große Freude machen willst, dann trage ein Gedicht vor. Es sollte nicht zu schwer sein und die 50 Kilo nicht überschreiten.

Um alkoholischen Auswüchsen auf deiner Party entgegenzuwirken, schenkst du am besten nur Säfte und Mineralwasser aus. Dann bist du wenigstens schnell alleine und kannst früh ins Bett gehen.

Bei schlechtem Wetter feierst du am besten drinnen, bei gutem Wetter draußen.

Alle Speisereste vom Geburtstagsessen einfach in den Mixer und mit Zement und Wasser vermischen, in eine Form gießen, innen etwas aushöhlen, einen Tag erkalten lassen und fertig ist ein hübscher Aschenbecher oder eine dekorative Vase, wie belieben.

Um der lästigen Nichtraucher Herr zu werden, schaffst du am besten außerhalb der Räumlichkeiten eine Nichtrauchersektion, das kann die Mülleimerbox im Hof sein oder eine Garagenauffahrt. Da können sie dann über Krankheiten labern und sich gegenseitig anhauchen, das stört so keinen.

STANDARD - HOROSKOP

Du wirst atmen und ein Bein vors andere setzen. Deine Hände werden an deinen Armen hängen und greifen, wenn es nötig ist. Dein Kopf bleibt oben zwischen den Schultern. Du wirst müde, wenn du nicht mal schläfst, und abnehmen, wenn du nichts isst.

Die kosmische Lage: Die Sonne schwitzt stark, der Merkur steht im dritten Haus und macht blöd die Venus an. Eine starke Konstellation mit Wirkung auf deinen Tatendrang. Bleib unbeirrt und folge deinen Instinkten. Hab Mut, wenn es sich lohnt, gib auf, wenn du keine Chance hast, bleib faul, wenn andere deine Arbeit machen, und sei aktiv, wenn es um dein Vergnügen geht. Besser kann man nicht leben.

Geschenke kauft man heute nicht nur im Internet.

Wenn Tischler Geschenke machen ...

Gaudi VERSAND GESCHENKE-TOPHITS

RÜCKENSCHONER
„OKTOPUS"

Flexible Rückenmatte für Autofahrer oder Bürostuhlsklaven
aus anpassungsfreudigen Saugnäpfen.
Hoher Durchblutungsfaktor, wohliger Entspannungseffekt,
mit Einschlafgarantie.

Bestell-Nr. 500 206

NEU

NEU

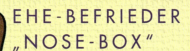

EHE-BEFRIEDER
„NOSE-BOX"

Weltneuheit aus Amerika, Hochwirksame Masken
gegen Schnarchen, mit digitaler Atmungskontrolle und
Scheidewandsensor, auf Wunsch mit Nasenadapter.

Bestell-Nr. 500 254

SONNENBANK
„BLACK MAGIC"

Heim-Solarium im Mumien-
design mit Garzeit-Signal,
Palmenrascheln und Sprech-
anlage für Out-Bank-Kommunikation.
Variable Sonnenwahl: Mallorca-Baller-Power,
Bali-Sun oder Miami-Heat. Außenmaße 220 x 100 cm, *Bestell-Nr. 500 601*

BIO-UHR
„STUNDEN-KARTOFFEL"

Kunststoffresistente Armbanduhr im Kartoffel-
design aus reinem Hanf, Zeitvermittlung im
Sanduhrprinzip, Armband aus geflochtenen
Weidensprösslingen mit Schweineborstenverschluss.

Sechs Wochen Garantie auf alle verbindlichen Bauteile

Magdrosa, Bestell-Nr. 500 123
Traktorgrün, Bestell-Nr. 500 124
Bullenhodenweiß, Bestell-Nr. 500 125

Du Sonderausgabe

Alte Hunde
werden schlapp,
alte Quellen
werden knapp.

Altes Bier
wird fad und lau,
alte Bäume
werden grau.

Alte Zeiger
sieht man kriechen,
alten Käse
kann man riechen.

Alte Wände
haben Flecken,
alte Töpfe
sind am Lecken.

Alte Hosen
kriegen Falten,
alte Felsen
kriegen Spalten.

Alte Reifen
werden platt,
alte Linsen
werden matt.

Alter Gummi
leiert aus,
alte Betten
frisst die Laus.

Nur bei dir,
muss ich gestehen,
ist das Alter
nicht zu sehen!

Und wenn du so zurückblickst in deinem Leben?
Klasse!
Butschkow

Gern erinnert man sich. Nicht jeder kann damit umgehen.

Geburtstag, heute! – Eine Aufzeichnung

20.30 Uhr: Frau Herrmann, die Nachbarin, tritt gleich nach dem Essen vor und gibt ein wunderschönes, selbst gereimtes Gedicht zum Besten. Großer Applaus.

20.45 Uhr: Arbeitskollege Zöch hat auch ein Gedicht gemacht. Es beinhaltet seine gemeinsame berufliche Lebenszeit mit dem Jubilar und ist voll lustiger Anspielungen und frivoler Erinnerungen. Großes Gelächter.

21.03 Uhr: Großvater Albert zitiert ein altes Mundartgedicht in Altfriesisch. Keiner versteht ein Wort, aber alle klatschen gutwillig.

21.15 Uhr: Robert und Renate verteilen Manuskripte mit dem umgewandelten Text von „Unter sieben Brücken" von Peter Maffay: „Unter sieben Weibern soll er stehn ..." Alle singen fröhlich mit, nur Pastor Eckelmann und Lehrer Matthies wirken verkrampft.

21.20 Uhr: Die Freunde aus dem Kegelverein führen in schriller Kostümierung eine lustige Posse auf, die wohl nichts mit dem Geburtstag zu tun hat, aber mächtig für Stimmung sorgt.

21.45 Uhr: Auftritt der wohlbeleibten Sportkameraden aus dem Tennisverein in Ballettkleidchen. Unglaublich lustig. Die Gäste toben.

22.10 Uhr: Das Geburtstagskind wird von den Damen des Kochclubs wie ein Baby verkleidet und muss Brei essen, Milch trinken und wird gewaschen und gewindelt. Das Publikum brüllt vor Lachen.

22.38 Uhr: Anna Kronzuber, ein verstecktes Gesangstalent, singt eine Passage aus der Oper Aida. Kommt nicht bei allen an.

22.45 Uhr: Der Nachwuchs der örtlichen Aerobic-Gruppe führt eine Tanznummer nach einem Lied von Britney Spears auf. Die Eltern der Beteiligten sind aus dem Häuschen.

23.05 Uhr: Großvater Albert möchte im alkoholisierten Zustand mit hochprozentigem Rum eine Feuerschluckernummer darbieten. Sanfte Einflussnahme beherzter Verwandter verhindert Schlimmeres.

23.14 Uhr: Lehrer Matthies trägt ein Gedicht von Brecht vor. Die Stimmung ist gedrückt.

23.29 Uhr: Jupp Schmelzer offenbart sein komödiantisches Talent und präsentiert eine großartige Nummer im Stil eines Büttenredners. Riesenspaß. Viele sind der Meinung, das gehört ins Fernsehen.

23.42 Uhr: Der Saal wird umgeräumt. Die Damen des Häkelclubs machen eine Stepp-Vorführung wie bei Riverdance. Die Gäste stehen auf den Stühlen.

00.32 Uhr: Der völlig betrunkene Opa Albert drängt sich in die Saalmitte und versucht, von seinen Erlebnissen am Tag seines Geburtstages an der Westfront zu erzählen. Man entwendet ihm das Mikrofon.

00.36 Uhr: Timo Köster demonstriert in „Wetten, dass?"-Manier, dass er in der Lage ist, mittels der Schaufel seines neuen Caterpillars 963 B, dem Geburtstagskind eine Glasvase mit Blumen zu überreichen. Es glückt. Die Gäste tragen ihn auf Händen.

01.22 Uhr: Die Mitglieder des „Modern-Vision-Clubs" präsentieren eine Lasershow, die alle umhaut. Die Gäste sind wie betäubt.

02.14 Uhr: Opa Albert will mit seinen dritten Zähnen ein Stromkabel durchbeißen. Er hat jede Kontrolle verloren und wird resolut hinausgeführt.

02.50 Uhr: Der Saal wird völlig umgeräumt. Carmen Köster demonstriert eine Elefantendressur, wie sie noch keiner gesehen hat. Alle sagen, dass sie schon immer gut mit Tieren umgehen konnte. Frenetischer Jubel.

03.30 Uhr: Der Maurer Hans „Hanni" Bertram will den Südflügel der Gaststätte zum Einsturz bringen und aus den Steinen dem Geburtstagskind bis zum Morgen ein Denkmal mauern. Kann mit Mühe verhindert werden.

03.47 Uhr: Der Discjockey fragt, ob er jetzt Musik machen soll.

Ab fünfzig steht er dir zu: Der eigene Sessel!

Geburtstag im All?

Wirklich kein Problem mehr. Die NASA hat ein Birthday-Shuttle entwickelt, mit dem bis zu 100 Gäste in den Weltraum geschossen werden können. Im Angebot ein reichhaltiges Nahrungs-Tabletten-Menü, Getränke aus der Schnullerflasche und Musik aus dem Cockpit. Die Tour geht direkt zum Mond, als Sonderangebot gibt es dort eine Polonäse zum Meer des Staubes, eine lustige Steinschlacht mit Mini-Meteoriten und eine Krater-Pool-Party, mit Aufpreis auch ein kleines Sternschnuppen-Feuerwerk. Zur Verfügung steht zudem ein Moon-Car für kleinere Ausflüge. Es gilt als Geheimtipp, dieses Gefährt mit verhassten Verwandten zu beladen und sich vor deren Rückkehr aus dem Staub zu machen.
Der ganze Spaß ist nicht billig. Pro Person 500 000, aber man kann noch etwas handeln.

Burtsinniger Geblödstag

Die Geschenkidee:

Schenk doch mal eine **Watt**wanderung durch ein Elektrizitätswerk!

Vorsicht, Trickbetrüger!

Grönländische Betrügerbanden stürmen neuerdings auf Geburtstagspartys und geben sich als die verschollenen Verwandten mütterlicherseits aus. Sie saufen und fressen ohne Maß und erbrechen sich regelmäßig ins Bett der Gastgeber. Wenn man aufwacht, ist das halbe Haus abgetragen, und die angeblichen Verwandten sind längst auf einer voll bepackten Scholle in Richtung Heimat unterwegs. Die Polizei rät: Passiert ist passiert, da kann man nix machen.

Such, Such!

Fünf von den folgenden Wörtern beinhalten Alterserscheinungen. Finde sie!

Bügelfalte
Krähenfuß
Fußpilz
Biertonne
Hängebrücke
Tränensäcke
Krummdolch
Blindfisch
Orangenhaut
Löwenzahn
Klabusterbeeren

HÖHLENMALEREI

Auf dieses einmalige Bild stießen Höhlenforscher in den Höhlen von Aubergine. Wahnsinn, was die alles schon wussten und konnten, und wir denken immer, wir hätten alles neu erfunden. Irrtum, Freunde!

ALTERSANGABE VERMEIDEN

Niemals soll man bei einer Geburtstagsrede das Alter des Geburtstagskindes erwähnen, rät Dr. Wunsch, Dipl.-Psychologe und Kapazität in Sachen Festlichkeiten. Als Alternative empfiehlt Dr. Wunsch: „Gratuliere, alte Hütte!" oder „Glückwunsch, Tattersack!", das sei unverfänglich, zudem humorvoll und frei von Verletzungen. In ganz seriösen Kreisen, so Dr. Wunsch, sagt man auch ein wenig feiner: „Herzlichen Glückwunsch, Euer Altvorderer!" Jeder auf seine Art. Danke, Dr. Wunsch!

Eine alte Bäckerweisheit ...

... sagt: „Ist in der Torte gute Butter, furzt der Gast wie Martin Luther."
Eine alte Bauernregel aber sagt: „Schmückt schlechtes Korn die festlich Tafel, werden Reden zum Geschwafel."
Trefflich ist auch die alte Schusterweisheit: „Kriegt man ein' neuen Schuh geschenkt, im Kleiderschrank der Freier hängt."
Überliefert ist uns auch ein Ausspruch aus dem Glasbläsergewerbe: „Verrutscht dem Bläser seine Vase, juckt der Strauß jedwede Nase!"
Manche dieser alten Regeln kommen uns heute seltsam vor, schwer gelingt es uns, Zugang zum tieferen Inhalt dieser Sinnessprüche zu finden, drum hier noch eine neuzeitliche Redensart aus dem Rappermilieu: „Fuckt der Rapper total ab, fuck dich selbst, Bodega Tab!"
Was das nun mit Geburtstag zu tun hat?

Zwei Elefanten treffen sich. Sagt der eine: „Hast du heute nicht Geburtstag?" Antwortet der andere: „Ja, ich habe heute nicht Geburtstag!" Und dann lachten sie, bis ihnen die Tränen aus den Rüsseln liefen.

(Eine Bewertung dieses aussterbenden Humors ist uns von Greenpeace untersagt worden.)

VORSICHT! ORGAN-GESCHENKE

Zu seinem 50sten Geburtstag bekam Peter M. von einem Freund einen Gutschein für ein Organ seiner Wahl. Peter M. entschied sich für die Leber und wartet nun schon seit acht Jahren auf sein Geschenk. Der Freund ist noch nicht zur Einlösung dieses Gutscheines bereit und trinkt zudem unbeirrt kräftig. Peter M. wies ihn schon diverse Male höflich darauf hin, dass das immerhin längst seine Leber sei, und er darum bäte, mit ihr achtsamer umzugehen. Auch die Bitte um eine freiwillige Vorsorgeuntersuchung, um eventuelle Schäden an seinem Geschenk festzustellen, lehnte der Freund brüsk ab. Hier stellt sich der Verdacht, dass dieser Mensch nur auf billigste Art und Weise ein Geschenk machen wollte und nie die Absicht hatte, den Gutschein wirklich einzulösen. Diese perfide Idee wird inzwischen mehr und mehr kopiert. Mir überreichte bei meinem letzten Geburtstag ein bis dahin hoch geschätzter Freund tatsächlich einen Gutschein für seinen Wurmfortsatz. Eine Frechheit. Wie sich außerdem herausstellte, hatte er auch gar keinen mehr. Die Welt da draußen wird immer schlechter.

Wer trinken kann, kann auch schwimmen.
Also rein in den neuen Jahrgang!

DER ÖKO

Ort der Feierlichkeit: Dritte-Welt-Laden · Speisen: Sechskorn-Platte und gegrillte Salate · Getränke: Biowein und Kuhmilch vom Euter · Musik: Walgesänge und Regenwaldtrommeln · Bekleidung: Hanf- und Wollgewänder · Darbietungen: Bauchtanz und Tai-Chi-Show · Launefaktor: Lachstoffarm · Hemmschwelle: Je nach Therapiestufe · Niveau: Bewusst · Ende: Nach Befinden.

DER PENNER

Ort der Feierlichkeit: Bahnhof · Speisen: Resteplatte · Getränke: Alles mit Alkohol · Musik: Vom Kamm · Bekleidung: Ungezwungen · Darbietungen: Nach Promille · Launefaktor: Hoch · Hemmschwelle: Bürgersteig · Niveau: Beweglich · Ende: Wenn die Polizei kommt.

Überraschung!

Rate mal!

Vorsicht Heiss!!

Hab was Leckeres für Dich!

Nur eine Kleinigkeit!

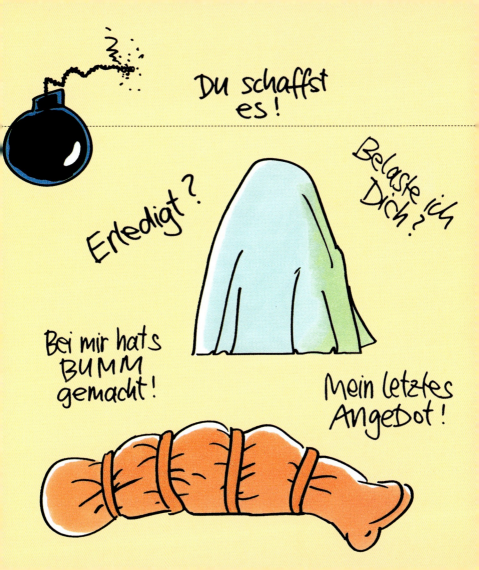

QUÄLENDE

Warum altert der Mensch?
Weil die Ärzte-Lobby es so will.

Warum bekommt man oft
schlechte Geschenke?
Weil die Post die Pakete oft
erst nach der Haltbarkeits-
grenze zustellt.

Warum kommt der Mensch
so klein auf die Welt?
Weil die Frauen keine
Elefanten sind.

Warum muss das Geburtstagskind
immer alles bezahlen?
Weil die Gäste immer
ohne Geld kommen.

Warum kommen manchmal Gäste,
die man gar nicht eingeladen hat?
Weil man nicht nur Freunde hat.

Warum sagt man immer
„Herzlichen Glückwunsch"?
Weil es nichts kostet.

Warum vergessen viele Menschen
die Geburtstage anderer Leute?
Weil wir zu viele Menschen sind.

Warum brauchen wir so ein
Büchlein wie dieses?
Weil es auch wertvolle Geschenke
geben muss.

FRAGEN...

Vor deinen Geburtstagsgästen möchte deine Frau
nur in einer funktionstüchtigen Küche stehen.

Was du jetzt lassen solltest

Deinen Roman zu schreiben

Autogrammwünsche verschicken

An Winnetous Wiedergeburt glauben

Auf die Love-Parade gehen

Das Elvis-Kostüm tragen

Deine Falten zählen

In deinem Golf GTI schlafen

Was du jetzt tun solltest

Das Che-Guevara-Poster erneuern

Den Flugschein machen

Deinen Bauch rauslassen

Die Schuldscheine verbrennen

Ein Buch lesen

Den Altersruhesitz reparieren

Deinen Ehepartner als anwesend betrachten

Wichtig für den Mann ist, dass an seinem Geburtstag die drei
Basisgetränke ausreichend vorhanden sind.

ICH HAB SOGAR NOCH JIMI HENDRIX IN BERLIN GESEHEN!
HAST NOCH KONTAKT?

Als du damals zu „Smoke on the Water" getanzt hast,
da waren die Rotzlöffel noch in Abrahams Wurstkessel.
Das sollen sie ruhig wissen.

Peter Butschkow
1944 in Cottbus geboren, studierte Grafik in Berlin
und jobbte als Trommler in einer Rockband.
In den siebziger Jahren arbeitete er freiberuflich
als Grafiker und Zeichner in Berlin.
Seit 1988 lebt der Vater zweier Söhne
als freischaffender Cartoonist in Nordfriesland.

© 2007 Lappan Verlag GmbH
Postfach 3407 · 26024 Oldenburg
www.lappan.de
Gesamtherstellung:
Leo paper products, Hong Kong
Printed in China · ISBN 978-3-8303-4172-7

Geburtstagsbücher, die Spaß bringen!

Für Männer:

ISBN 978-3-8303-4169-7   ISBN 978-3-8303-4170-3

ISBN 978-3-8303-4171-0   ISBN 978-3-8303-4172-7

ISBN 978-3-8303-4173-4   ISBN 978-3-8303-4174-1

Für Frauen:

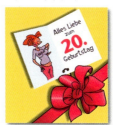 

ISBN 978-3-8303-4175-8   ISBN 978-3-8303-4176-5

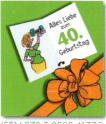 

ISBN 978-3-8303-4177-2   ISBN 978-3-8303-4178-9

 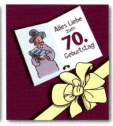

ISBN 978-3-8303-4179-6   ISBN 978-3-8303-4180-2

Wir informieren Sie gern über das komplette Programm von Lappan.
Lappan Verlag GmbH · Postfach 3407 · 26024 Oldenburg · **www.lappan.de**